왜 나만 미워해!

– 복잡한 감정 이해하기

어린이를 위한 심리학 ❷

왜 나만 미워해!

− 복잡한 감정 이해하기

글 박현진 | 그림 윤정주

길벗어린이

지은이의 말

화가
　　나고
　　　　불안하고 슬프고
어떤 일이 내 마음대로 되지 않을 때,
왜 그런 마음이 생기고 어떻게 하면 좋을지 우리는
'어린이를 위한 심리학' 1권 《나 좀 내버려 둬!》에서 함께
살펴보았어요. 어땠어요? 쉽지 않지요?
그래요. 책을 한번 읽어 본다고 다 된다면 얼마나 좋겠어요?
또 오늘 마음먹은 것이 내일까지도 계속되면 얼마나 좋겠어요?

우리가 숨을 쉬고 몸을 움직이는 것처럼 마음도 항상 우리와 함께
이리저리 움직여요. 그리고 우리가 점점 자라나는 것처럼 마음도
자꾸 자라나고 또 마음을 다스리는 힘도 점점 커지지요.
그런데 마음은 어떤 걸까요? 마음은 생각하는 걸까요?
느끼는 걸까요? 아니면 그냥 내버려 두는 걸까요?
행동하는 걸까요?

이렇게 내 마음도 잘 모르겠는데,
부모님의 마음이나 선생님의 마음, 친구의 마음,
동생이나 언니, 누나, 형의 마음 들이 서로서로 엉키면….
어휴, 정말 복잡하지요. 부모님이나 선생님이 특별한 이유 없이
야단치시거나 때때로 친구가 나한테 말을 안 할 때,
어떤 친구가 나에게 "넌 주는 거 없이 미운 애야!"라고 이야기하거나
나만 보면 한 대씩 툭툭 칠 때, 또 내가 싫어하는 짓만
골라 하는 동생을 볼 때….

음…, 딥딥힐 때가 있이요. 이게 뭘까? 무엇이라고 꼭 꼬집이 이야기하기
어려운 복잡한 감정이나 마음이 생기지요. 친구나 부모님한테, 또 다른
누군가에게 도와 달라고 이야기하려 해도 무엇부터 어떻게 말해야
할지 모르는 경우가 많지요. 혹시 그런 내 마음과
비슷한 이야기가 이 책에 있어서, 그것을 보고 그게 어떤 것인지
이해하는 데 도움이 되었으면 좋겠어요.

2006년 10월 박현진, 윤정주

차례

등장인물

소민

얌전하고 말이 없으며 꼼꼼하고 예민하여
새로운 친구를 쉽게 사귀지 못한다.
친한 친구 몇 명만 있어야 한다고 생각한다.
맞벌이하는 엄마, 아빠와 함께 산다.

주미

성격이 활달하고 시원시원하며
외향적이어서 친구들과 잘 어울린다.
부모님의 이혼으로 전학을 왔으며
아빠와 함께 살고 있다.

현수

하고 싶은 것도 많고 뭐든지 열심히 한다.
모든 것에서 1등이 되어야 한다고 생각해서
일이 잘 안 풀리면 신경질을 부린다.
맞벌이하는 부모님과 동생과 함께 산다.

경민

밝고 명랑해서 친구들하고 잘 어울린다.
엄마가 동생만 예뻐한다고 샘을 내지만
동생을 아끼는 마음도 있다.
아빠, 엄마, 동생과 함께 산다.

경진

경민이의 여동생.
1학년으로 아직 어린 티가 남아 있다.
언제나 언니를 따라 하려고 들어
언니와 자주 싸움을 한다.

철민

성격이 활발해서 친구들하고
놀기 좋아하고 장난도 잘 친다.
게임을 잘해서 아이들
사이에서 인기가 많다.
아빠, 엄마, 동생과 함께 산다.

1장 새로운 친구가 생겼어요!

친구 사귀기

새로운 친구가 생겼어요!

우리 반에 새로 전학 온 친구다. 이름은 유주미. 주미야, 인사해라.

교실에서

저는요, 대한초등학교에서 전학 왔고요. 별명은 주유소예요.

그런데 저는 이 별명 별로 안 좋아하니까 이런 별명으로 안 불러 줬으면 좋겠어요.

앞으로 다들 친하게 지내자고요.

소민이의 머릿속에 주미의 모습이 자꾸 떠올라요. 주미의 거침없는 모습이 부럽기도 하고 낯설어서 꺼려지기도 하고, 적극적인 행동이 언니 같기도 하고 어설프고 서툰 모습이 동생 같기도 하고, 여러 가지 마음이 들어요. 이 모든 게 주미에 대한 관심이에요.

주미는 해야 할 말도 제대로 하지 못하는 소민이의 태도가 못마땅하고 답답한가 봐요.
여러분은 저럴 때 어떻게 하나요?

철민이가 소민이를 좋아하는 것 같아요. 그런데 철민이는 소민이에 대한 관심을 툭툭 건드리거나 머리카락을 잡아당기고 장난치는 걸로 표현하고 있어요. 그러면 철민이 마음을 소민이가 알 수 있을까요? 여러분은 어떻게 할 것 같아요?

저런 저런, 주미가 철민이의 마음을 소민이보다 먼저 알아 버렸어요.
철민이는 주미한테 자기 마음을 들켜 버려서 당황스러워요.

그런데 오히려 철민이는 화를 내고 있어요.

당황스러운 마음을 화를 내서 감추려고 해요. 다른 쪽으로 상황을 바꿔 버리려고 하는 거예요.
아이들이 놀릴까 봐 걱정도 되고요.
그래서 화를 내서 자기가 힘이 세다는 것을 보여 주려고 해요.

그런데 철민이는 이런 자기 마음을 잘 모르고 있어요. 자기도 모르게
다른 쪽으로 도망가 버려요. 이렇게 내 마음을 제대로 들여다보지
못하고 도망치는 일이 자꾸 생기면 나도 내 마음을 모르게 돼요.
지금 철민이처럼 화가 났다고만 느끼게 되고, 오히려 엉뚱하게
주미랑 다투게 되지요. 사실은 그게 아닌데 말이에요.

소민이는 불쑥불쑥 예상할 수 없는 반응과 행동을 하는 주미가 못마땅하기도 하고 낯설기도 하고 부럽기도 해요.

활달한 주미에게는 소민이의 저런 소심한 행동이 상상하기 어려운 일이에요. 이해가 잘 안 될 수도 있지요. 하기는 둘 다 흔한 캐릭터는 아니지요?

친구가 내 마음을 몰라줘요!

집에 가는 길

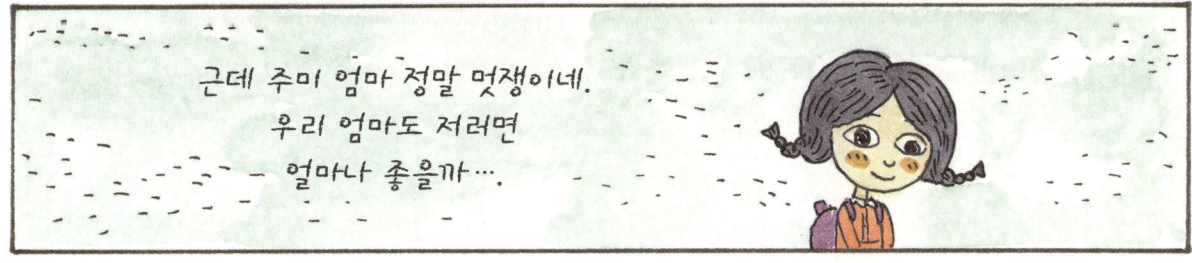

주미는 엄마가 말해 준 대로 생각하고 그렇게 받아들이기로 했지만, 아직 마음이 잘 정리되지 않아요.
엄마 말을 들어 보면 엄마 아빠가 이해되기도 하지만, 다른 집 부모들과는 다른 엄마 아빠가
원망스럽기도 해요. 또 나한테는 아무것도 물어보지 않고 결정했다는 생각에 화가 나기도 하지요.
그런데 화를 내면 엄마가 보러 오지 않을지도 모른다는 생각에 화도 못 내고,
또 나 때문에 따로 사시는 건가 하는 생각이 들면 미안하고 슬퍼져요.
이렇게 주미처럼 화를 잘 소화하지 못하면 슬픔이 되기도 해요.

내가 말로 표현하기는 어려운데 가슴이 아프고 울렁거리고 꽉 조이는
그런 느낌이 들 때가 있을 거예요. 그럴 때는 그 느낌에 집중하고
가만히 느껴 보세요. 그 느낌이 어디에서 오는 것인지 찬찬히 살펴보세요.
그리고 어떤 기분이 드는지도 천천히 느껴 보세요.

그런 느낌이 싫다고요? 그래서 주미처럼 도망치고 싶다고요?
그래요. 그런 마음이 들 수도 있어요.

소민이는 주미가 슬프고 속상한 게 마치 자신의 잘못인 것처럼 느끼고 있어요.
그래서 주미에게 이런저런 말을 붙여서 주미의 기분을 바꿔 주고 싶어 해요.
소민이는 이런 불편한 상황에서 빨리 벗어나고 싶어요.

그런데 주미 기분이 바뀌었으면 하는 것은 누구의 마음일까요?
주미의 마음일까요? 소민이의 마음일까요?

여러분이 소민이라면 어떻게 할래요?
친구가 말하고 싶을 때까지 말을 시키지 않고 가만히
기다려 주는 것은 어떨까요? 친구가 뭔가 바라는 것을
부탁할 때까지 그냥 슬프면 슬픈 대로, 속상하면 속상한 대로
느낄 수 있도록 지켜보는 것은 어떨 것 같아요?

친구라도 서로 달라요!

소민이는 아주 친한 몇 명이랑만 사귀고 싶은 마음이 있어요.
친구가 많은 것보다는 친한 친구 몇 명만 있었으면 하지요.
그리고 친구가 먼저 와서 기분을 좀 풀어 줬으면 하고 기대하고 있어요.
그런데 주미는 소민이의 마음이 풀릴 때까지 기다리고 있어요.
서로 생각하는 게 좀 다르지요.

같아도 달라도 친구예요!

사람들은 모두 다르지요. 키가 큰 사람, 작은 사람. 피부가 검은 사람, 하얀 사람. 성격이 활발한 사람, 소극적인 사람.
서로서로 성격도 다르고, 생김새도 다르고, 환경도 다르고, 생각도 다르지요.

이 그림을 보세요. 뭐가 보이나요? 같은 그림이라도 보는 사람마다 달라요.

사람들은 서로 다른 점 때문에 마음이 끌리기도 하고, 다르기 때문에 싫다고 마음의 벽을 쌓기도 하지요. 그런데 다른 건 계속 다를까요? 같은 건 늘 영원할까요?

소민이는 꼼꼼하고 세세한 부분까지
신경이 쓰이고 예민하며 내성적이에요.
그래서 활발하고 거침없고
용감하며 외향적인 주미가
처음에는 낯설고 못마땅하고
때로는 자신의 영역을
침범하는 것처럼 느끼기도
했어요.

그런데 한편으로는 자신과는 다른
주미의 모습이 부럽고 주미의 세계를 같이
느끼는 것이 때로 즐겁기도 했어요.
이렇게 소민이와 주미는 생긴 것도,
마음도, 생각도 모두 다르지만
같이 생각하고 같이 느끼고
서로 마음을 나누기도 하지요.

소민이와 주미는 서로 다른 점을
알고 있는 그대로 받아들이면서
같은 곳에 서 있을 수 있게 되었어요.
물론 다르기 때문에 중간에 오해도
있고 갈등도 있었지만요.
마음이란 같은 지점에 머물다가도
다른 지점을 향해 달려가기도
한답니다. 그때그때 달라요.

나라면 어떻게 할까요?

친구한테 다가가기가 어려워요

새 학년이 되었어요.
아이들은 2~3명씩 모여서
같이 밥 먹는데 나는 혼자
먹어야 될 거예요.
아침마다 학교 가는 게
　　　걱정돼요.
난 혼자 밥 먹는 게 싫어요.
오늘도 혼자 먹어야 될 거예요.
아무도 나한테 같이
　　　밥 먹자고 안 해요.
어휴~ 어떻게 해요?

야! 그냥 맘에 드는 애한테 가서 같이 밥 먹자고 해.

잘 살펴봐. 주변에 혼자 먹는 다른 애가 있는지. 걔한테 가서 같이 먹자고 해 봐.

야! 너희들은 그렇게 생각이 없냐~?

얘는 같이 먹자는 얘기가 잘 안 나와서 그러는 거야.

 여러분은 이 친구에게 뭐라고 해 줄래요?

_____
_____
_____
_____

친구들이 나만 미워해요

애들이 자꾸 놀려요.
지난번에 내 뒤에 앉은 애가 나보고 "잘난이"라면서 툭툭 쳐서 수업 시간에 걔를 한 대 때렸어요.
선생님한테 벌 받았어요.
선생님도 날 미워하는 것 같아요.
걔가 먼저 잘못했는데 나는 왜 혼내요?

 여러분은 이 친구에게 뭐라고 해 줄래요?

어떤 애와 친구하고 싶어요

우리반에 어떤 애하고
친구하고 싶은데 먼저 말을
못 꺼내겠어요.

그 아이가 싫다고 하면
어떻게 해요?

만약 그러면 얼마나
창피하겠어요?

그래도 친구하고 싶은데…
어떻게 하죠?

그래도 용기를 내 봐.

한번 해 보는 거지 뭐.

나도 그랬는데. 걔가 싫다고 하면 무안할 것 같아서

나도 말을 못했어.

그런데 난 다행히 그 친구가 먼저 나한테 말을 걸더라.

여러분은 이 친구에게 뭐라고 해 줄래요?

_____

_____

_____

_____

2장 나는 친구보다 못해요!

열등감

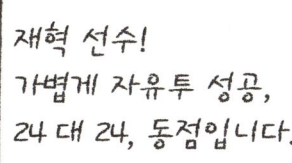

현수네 청팀이 농구 경기에서 졌어요. 백팀이 재혁이의 활약으로 역전승을 했어요. 현수는 열심히 한다고 했는데 그만 반칙이 되어 버렸어요. 현수가 열심히 뛰었다는 걸 알아주는 친구도 있고 그렇지 않은 친구들도 있어요.
친구들이 쑥덕거리는 소리가 현수에게는 자신을 비난하는 말처럼 들려요.
현수는 지금 경기에 져서 화도 나고 또 청팀이 진 걸 자기 탓처럼 느끼고 있어요.
청팀이 진 게 현수 탓만은 아니고, 또 현수는 있는 힘껏 경기를 뛰었는데 말이에요.
아이들이 재혁이를 칭찬하는 말도 자기와 재혁이를 비교하는 것처럼 생각해요.
지금 현수의 머릿속에는 스타플레이어가 된 재혁이와 작고 초라한 자신만 있어요.
다른 건 아무것도 눈에 들어오지 않아요.

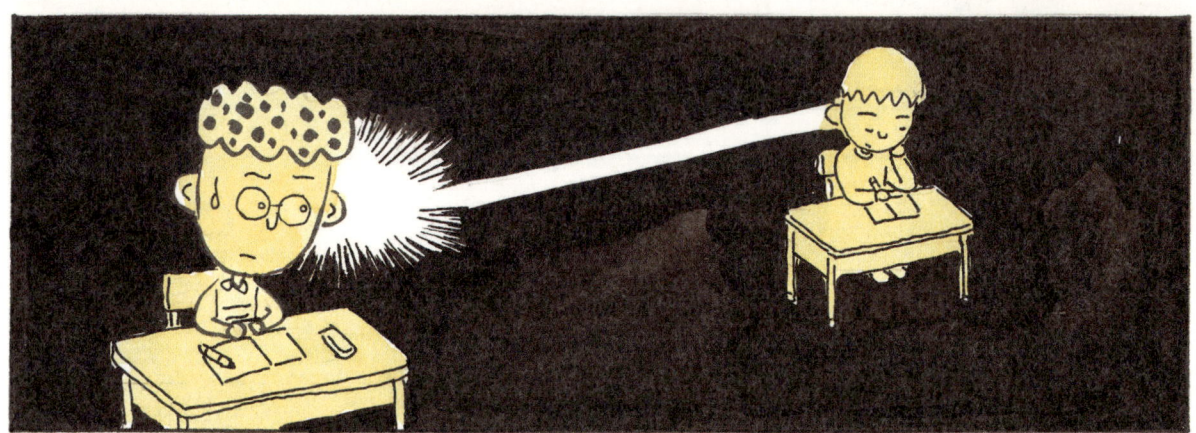

현수는 재혁이가 신경 쓰이나 봐요. 자꾸 재혁이를 힐끔힐끔 엿보고 있어요.
현수 눈에는 재혁이가 공부도, 운동도, 친구도, 인기도 다 자기보다 훨씬 앞서 나가는 대단한 아이처럼 보여요. 재혁이 옆에서 자신은 볼품없고 작게만 느껴지고 있어요.
그렇지만 진짜 그럴까요?
현수는 지금 진짜 재혁이 모습도 진짜 자기 모습도 보지 못하는 거예요.
현수 마음속에서는 자꾸 재혁이와 비교해서 자신이 점점 작아지고 있어요.

현수는 지금 외롭고 슬퍼요. 가슴이 아파요. 아무도 자기 맘을 몰라주는 것 같아요.
친구도 부모님도 내 곁에 있지 않고 나만 뚝 떨어진 작은 섬에 있는 것처럼 외로움을 느껴요.

현수는 공부 잘한다는 칭찬이 자신을 인정해 주는 말이라고 믿고 있어요.
공부와 관련된 것은 뭐든지 다 잘해야 한다고 생각해요. 숙제도 1등으로 해 가고,
성적도 1등, 발표도 1등이 되어야 한다고 생각하지요.
그런데 숙제를 못 했으니 내일 학원 아이들 앞에서 창피를 당할지도 모른다는 생각에
불안하고 초조해요.

현수는 부모님도 자기가 1등을 해야 좋아한다고 생각해요.
그렇지만 현수 부모님은 공부보다는 현수가 규칙적으로
생활하는 게 더 중요하다고 생각하고 있어요.
부모님은 현수가 제시간에 자고 일어나는 규칙적인
생활 습관을 배웠으면 해요. 밤늦게까지
숙제하는 현수가 안쓰러웠는데, 부모님 말씀에 신경질을
부리는 현수를 보고 부모님도 화가 난 거예요.

날 자꾸 비교해요!

며칠 뒤

휴… 며칠 동안 집중도 안 되고…, 미치겠네.

재혁이 너 아까 공부 무지하게 열심히 하더라.

야, 야. 시험이 다음 준데 너도 책 좀 봐라, 응?

재혁이랑 친구들이 현수에게 함께 축구하러 가자고 하네요.
현수는 재혁이의 배려가 자신을 더 작고 초라하게 만든다고
생각해서 신경질을 부려요. 저런~ 현수의 신경질에
친구들도 무안해졌어요.
지금 현수는 친구들 마음을 돌아보기가 어려워요.
시험에서 이번에도 1등을 해야 하는데 1등을 놓치면 어쩌나
불안해서 마음에 여유가 없어요. 현수는 자기 기분에 빠져서
옆의 친구들을 돌아볼 짬이 없어요.
여러분도 이럴 때가 있나요?
내 마음이 바쁘고 힘들어서 나도 모르게 주변 사람들에게
화를 내거나 신경질을 부린 적이 있나요?
그럴 때는 미안하다고 빨리 사과를 하세요.
내가 왜 그랬는지 설명하면 더 좋고요. 그리고
그렇게 화를 내거나 신경질을 부리지 않고 싶으면,
평소에 내 마음이 지금 어떤지를 마음속 거울에
비춰 보는 연습을 해요.
'어라~, 내가 지금 불안하구나.'
'어휴, 자꾸 불끈불끈 화가 나네.'

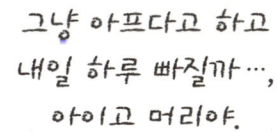

친구들은 현수가 1등이라고 부러워해요. 그런데 현수는 만족스럽지 않아요.
기분 좋은 표정이 아니에요. 친구들은 이런 현수가 이상하겠지요?

현수는 1등은 했지만, 자기 기준에는 맞지 않아요. 현수에게는 더 높은 기준이 있어요.
사람들은 누구나 자기가 생각하고 기대하는 기준을 가지고 있어요.
그런데 그 기준이 지나치게 높으면 무얼 해도 만족하기가 힘들어요.
스스로도 지치고 옆 사람들을 힘들게도 해요.
그래서 정말로 지킬 수 있는 기준을 세우는 것이 아주 중요하지요.
그래야 나도 다른 사람들도 행복해질 수 있어요.
여러분도 이런 기준이 있나요?
물론 공부 말고 다른 면에서도요?
그런데 이런 기준은 어떻게 생기는 걸까요?

현수는 지금 부모님이 어떻게 말씀하실지 막막하고 걱정이 돼요.
칭찬을 해 줄지, 지난번처럼 재혁이와 비교할지, 아니면 엉뚱하게 혼이 날지….

현수는 부모님을 기쁘게 해 드리고 부모님께 인정받고 싶은 마음이
아주 커요. 현수의 기준은 부모님 마음에 드는 거예요.
그렇지만 부모님이 현수에게 무얼 바라는지 어떨 때 기쁜지
현수는 잘 알 수가 없어요.
현수처럼 이렇게 다른 사람에 맞추어 자기 기준을 세우면
자기가 그 기준을 지켰는지 못 지켰는지 잘 알 수 없어요.
그래서 시험 성적이 좋아도 마음껏 기뻐하지 못해요.
부모님이 어떻게 말씀하실지 아직 모르니까요.

그래서 기준은 자기에 맞추어 세우는 게 중요해요.
'시험에서 몇 점 이상이면 만족한다.'와 같이 자기가 스스로 기준을 세워야
그 기준을 지켰을 때 다른 사람의 눈치를 보지 않고 만족할 수 있어요.

지금 현수는 머릿속에서 여러 가지 생각이 떠올라요. 부모님이 이번 시험 점수에 대해 뭐라고 하실지.
반에서 1등 하고 열심히 공부했던 자신의 모습은 떠오르지 않아요.
그래서 기쁘고 즐겁기보다는 두렵고 초조한 거예요.
자꾸 부모님이 나쁘게 말씀하실 것 같아요. 이렇게 나쁜 생각이 떠오르면 기분도 나빠지지요.
현수처럼 기운이 빠지고 실망스럽고 불안하기도 하고,
나쁜 기분이 계속되면 나쁜 생각들도 떠나지 않고 함께 머물러 있어요.
몸도 힘들어지고 밥맛도 떨어지고 아무것도 하기 싫어지지요.
이런 기분은, 이런 생각은 누가 하는 거지요? 부모님인가요? 나인가요?
누가 바꿔 줄 수 있는 걸까요? 부모님인가요? 친구들인가요? 나인가요?

모든 것을 다 잘할 수는 없어요!

잘하는 게 있으면 못하는 것도 있어요!

공부를 잘하고 싶다고요? 예뻤으면 좋겠다고요? 키가 컸으면 좋겠다고요?
운동을 잘했으면 좋겠다고요? 컴퓨터 게임을 잘했으면 좋겠다고요?
그림을 잘 그리고 싶다고요? 노래를 잘했으면 좋겠다고요?
선생님한테 칭찬받고 싶다고요? 엄마 아빠가 나만 좋아해 줬으면 좋겠다고요?
그래요. 누구나 그런 마음이 들 수 있어요.
그런 마음이 없으면 뭔가를 열심히 하려는 마음도 없겠지요.

공부를 잘하고 싶으니까 수업 시간에 열심히 듣고, 숙제도 열심히 하고,
시험 공부도 열심히 하지요.
키가 커지고 싶으니까 일찍 자고, 음식을 가리지 않고 이것저것 잘 먹게 되지요.
운동을 잘하고 싶으니까 열심히 연습을 하지요.

그런데 "누구누구보다", "걔만큼" 이렇게 자꾸 친구들이나 다른 사람들과
나를 비교하면 어때요?
내가 잘하는 것처럼 느껴지나요? 자꾸 내가 작아진다고요?
맞아요. 비교를 하면 그래요.
"나는 이런 것도 못하고", "나는 저런 게 안 되고", "나는 저것도 형편없고"
그렇게 생각하게 되지요.
내가 누구누구보다 못하다고 생각하게 되지요.
그러면 마음이 슬퍼지고, 짜증스럽고, 우울하고, 외롭고,
불안하고, 자신감도 없어지고….

나는 나예요. 내가 잘하는 게 있으면 못하는 것도 있고,
못하는 것은 더 잘하고 싶고. 그게 나예요.
나를 잘 살펴 주고 위로해 줄 수 있으면 돼요.
내가 잘 안 되는 부분은 "그럴 수도 있지",
"다음에 더 잘하면 되지", "실수할 수도 있지",
"괜찮아"라고 다독여 주세요.
우리는 모두 멋진 사람들이에요.
누가 더 잘나고 못나고는 없어요.
각자에게는 자신의 장점이 있는 거예요.
그게 뭔지 모른다고요?
가만히 살펴보세요.
누구에게나 한 가지 이상은 있어요.

나라면 어떻게 할까요?

게임을 못해요

난 게임을 좋아해요.
친구랑 같이 게임을 자주 해요.
내 친구는 게임 레벨이 85예요.
근데 난 아무리 해도 40밖에 안 돼요.
자존심 상해서 같이 게임도 하기 싫어요.
어떻게 해요?

야! 그 게임 집어치우고, 다른 게임 시작해. 그럼 비교가 안 되잖아. 넌 다른 게임으로 잘 나가는 거야.

앗! 근데 혹시 걔는 아이템이 많은 게 아닐까? 음, 그건 돈 좀 들여야 하는데.

나 지난번에 엄마 몰래 아이템 샀다가 무지하게 혼났잖아. 맞아 죽는 줄 알았어.

 여러분은 이 친구에게 뭐라고 해 줄래요?

_____

_____

_____

_____

못생겼다고 놀려요

친구들이 못생겼다고 놀려요.
호박, 메주, 돼지…
온갖 별명으로 난 너무
상처받았어요.

엄마한테 나 왜 이렇게
낳았냐고 투정부렸어요.

나도 전지현처럼
예뻐지고 싶어요!!!

못난이

뭘 그런 걸 갖고 고민하냐? 엄마한테 성형 수술 시켜 달라고 해.

야! 네 얼굴 아니라고 막 말하냐?

성형 수술 부작용은 생각 안 해?!!

세상 모든 사람들이 똑같이 얼굴이 예쁘면 어떻게 되겠냐?

다 각자 개성대로 생긴 거고, 나름대로 예쁘다고 생각해.

 여러분은 이 친구에게 뭐라고 해 줄래요?

난 키가 너무 작아요.

4학년인데 다른 사람들이 나보고 2학년이냐고 해요. 지난번에 실내화 갈아신고 있는데 3학년짜리 애가 나한테 "야"라면서 반말을 하잖아요. 그래서 내가 "너 내가 몇학년인줄 알아?" 그랬더니 걔가 "2학년짜리 꼬마가 어디서 선배한테 대들어" 그래서 ..... 어휴!! 내가 그걸 한 대 패주려다 참았어요.

많이 먹어. 운동도 많이 하고, 잠도 잘 자고!

그리고 야! 우린 아직 키가 다 크려면 멀었어.

우리 엄마가 그러는데 키가 빨리 크는 사람도 있고 중고등학교 때 늦게 크는 사람도 있대.

길고 짧은 건 대 봐야 하는 거 아냐?

여러분은 이 친구에게 뭐라고 해 줄래요?

엄마가 동생만 예뻐해요!

경민이는 자기가 아끼는 핀을 경진이가 망가뜨린 것도 속상하고,
자신만의 소중한 곳을 누군가 엿보았다는 것에도 화가 났어요.
경진이는 경민이 언니의 비밀스럽고 소중한 곳을 한번 보고 싶었을 뿐인데 뜻밖에 일이 커졌어요.
경진이는 당황스러웠어요. 화난 언니를 보니까 무섭고 빨리 도망가고 싶기만 해요.
언니와 직접 마주 대하는 게 꺼려졌어요.
그래서 엄마에게 도와 달라고 했어요.
저런, 그러면 경민이 언니는 어떨까요? 더 화가 나지 않을까요?

경민이는 사과도 하지 않고 엄마 뒤로 도망가 버린 경진이한테 화가 났는데,
이젠 경민이를 나무라는 엄마한테도 화가 났어요.
경진이가 저지른 일 때문에 괜히 엄마한테 혼나고, 엄마는 경진이 편만 드는 것처럼 생각됐어요.
엄마가 경진이와 자신을 공평하게 대해 주지 않는다고 생각해요.
또 경진이와 경민이 둘이서 해결할 일에 엄마가 끼어들었다고 느끼기도 하지요.
경진이한테도 엄마한테도 화가 나고 경진이도 엄마도 미워졌어요.

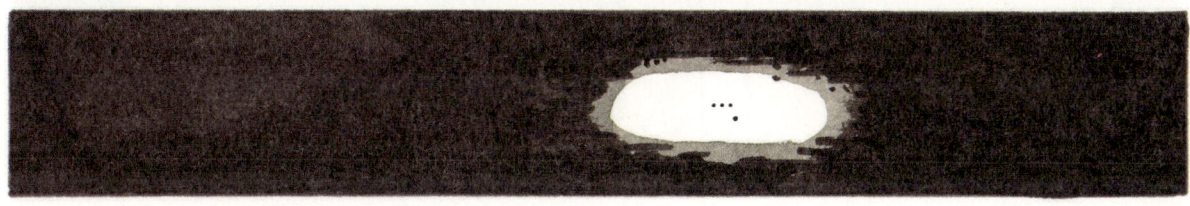

엄마는 장난스럽게 경민이를 좀 놀려 주고 싶었어요.
그런데 경민이는 엄마의 행동이 경진이 앞에서 자기를 깎아내리는 걸로 생각해요.
경민이는 엄마가 자기가 잘하는 것을 인정해 주고 동생 앞에서 좀 치켜세워 줬으면 하는데 말이에요.
지난번에 엄마한테 화가 난 게 아직 풀리지 않은 채 남아 있었는데, 또 화가 났어요.
경민이 마음속에서 엄마가 경진이 편만 들고 자신을 제대로 봐 주지 않는다는 생각이 점점 커져 가요.
이런 생각이 자꾸 커지면 엄마랑도 경진이랑도 점점 마음이 통하기가 어려워져요.
별것 아닌 것도 오해하게 되지요.

엄마는 이런 경민이 마음을 알까요? 잘 모르는 것 같지요?
어떻게 하면 알려 줄 수 있을까요? 여러분 같으면 어떻게 하겠어요?
엄마한테 이런 마음을 알려 주기 싫다는 친구도 있고, 그런 방법을 생각하기 싫다는 친구도 있대요.
그래요. 그런 마음이 들 때도 있지요.
그럼 알려 주고 싶을 때 다시 생각해 봐요.

경민이는 엄마도 경진이도 눈에 보이지 않아요. 외롭고 혼자라고 느끼고 있어요.
마음 한구석에서는 이런 자기 마음을 누군가 알아주기를 바라지요.
엄마나 아빠가 자기 마음을 척척 알아서 자기가 바라는 대로 해 줬으면 하지요.
그런데 내가 말하지 않고도 상대방이 척척 알 수 있을까요?

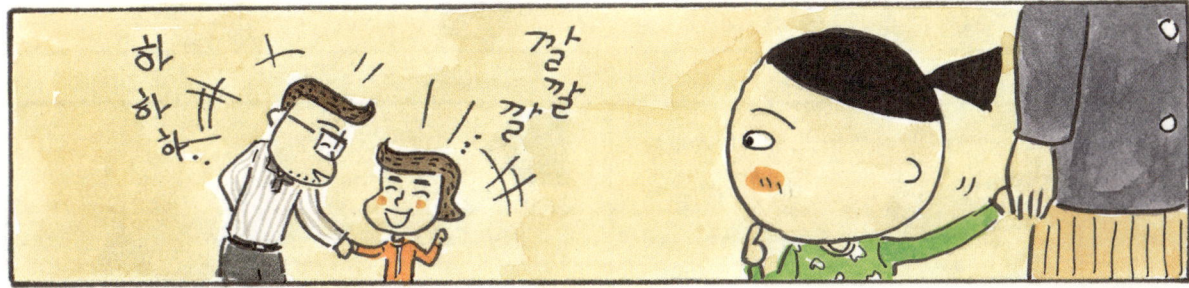

경민이는 아빠 덕분에 기분이 풀리고 경진이는 아빠 때문에 뽀로통해졌어요.
경진이는 맛난 것을 먹어서 좋기는 하지만 오늘처럼 특별한 날에는 내 맘대로 하고 싶었는데, 아빠가 언니 편만 드는 것 같아 섭섭하고 실망스러워서 기운이 빠졌어요.

그런데 정말 아빠 때문에 경민이와 경진이 기분이 달라진 걸까요?
아빠가 경민이와 경진이 기분을 바꾼 걸까요?

경진이는 새 치마가 갖고 싶기도 했지만, 외식도 언니가 좋다는 것을 먹고,
치마도 언니만 사 주는 것을 보고 샘이 났어요.
엄마 아빠가 갑자기 언니 편만 들고 언니만 예뻐하는 것 같아서요.
경진이는 엄마 아빠가 자기를 사랑하는지 확인하고 싶어졌어요.
자기한테 새 치마를 사 주면 엄마 아빠가 자기를 사랑하는 거라고 생각했어요.
그래서 더 조른 거예요. 그럼 엄마 아빠가 경진이 마음을 금방 알 수 있을까요?
경진이는 진짜 자기 마음과는 다른 표현을 하고 있어요.
자기가 왜 이런 행동을 하고 있는지 경진이는 알고 있을까요?

동생 때문에 나만 손해 봐요!

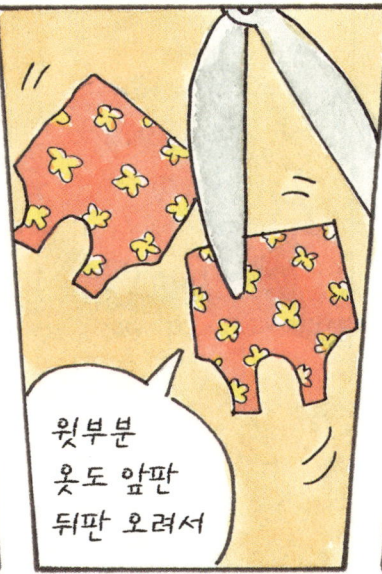

경진이는 언니의 솜씨가 무척 부러워요. 그래서 더 보고 싶은데 언니한테 말해도 안 통할 거라고 생각했어요. 그래서 자꾸 엄마의 도움을 청하지요.
그럼 경민이 언니가 엄마 말대로 보여 줄까요?
만일 엄마가 경진이 말대로 해 준다면 경민이 언니는 어떤 기분이 들까요?

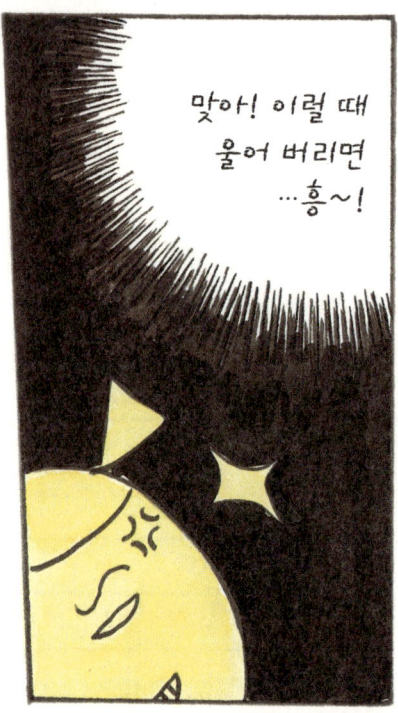

경진이는 자기 뜻대로 하고 싶어서 우연한 상황을 이용하고 있어요. 경진이는 이럴 때 울면 어떻게 되리라는 것을 알고 있지요. 그래서 사실은 아프지도 않은데 일부러 우는 거예요.

사람들은 자신이 이렇게 하면 다른 사람들이 내가 바라는 것을 해 준다는 것을 알게 되면서 거짓된 표현들을 하기도 하지요.
그런데 스스로 알면서 하는 경우도 있고, 모르고 하는 경우도 있어요.
내가 자꾸 이런 방법을 쓰면 주변 사람들은 어떨까요? 경진이 언니 경민이는 어떻게 느낄까요?

어떻게 하루가
멀다 하고
동생이랑 싸우냐?
넌 동생보다 그게
더 소중하냐?!!

밴댕이
소갈머리처럼
계집애가 동생이
좀 본다는데!

왜 저렇게
밉살스럽게
구는지 몰라!

언제
철들래.
응?!

메롱~

그래도 동생이에요!

이번에는 경민이가 상황을 이용하고 있어요. 경진이한테 화가 나고 쌓이고 못마땅했던 것을 직접 경진이와 풀지 못하고, 친구들 앞에서 경진이를 창피 주고 있어요.

그런데 왜 자꾸 경진이가 간 쪽을 돌아볼까요?
경진이를 톡톡히 혼내 줬지만 경민이 속이 시원하게 뚫리지는 않은 것 같아요.
지금 경민이 마음은 어떨까요?

이런! 경민이와 경진이의 다툼이 부모님의 싸움이 되었어요.
경민이와 경진이는 생각지도 못한 일이 벌어져서 겁도 나고 속상해요.
갑작스러운 일에 경민이도, 경진이도 황당하고 무섭고 슬퍼요.
어떻게 해야 할지도 모르겠고, 온몸에 힘이 빠지고….

무엇을 바라는지 아는 게 중요해요!

우리는 갖고 싶은 게 많아요. 좋은 장난감을 갖고 싶기도 하고, 멋진 학용품이 필요하기도 하고, 예쁜 옷을 입고 싶기도 하지요. 또 공부를 잘하게 되기를 바라기도 하고, 부모님의 사랑을 독차지하고 싶기도 하고, 친구나 선생님한테 인정받고 싶기도 하지요. 눈에 보이든 보이지 않든 이렇게 바라는 게 많아요.

그런데 이런 모든 것이 내 뜻대로 되지 않을 때가 많아요. 또 내가 노력해서 얻을 수 있는 것도 있지만 그럴 수 없는 것들도 있어요. 알고 보면 아무것도 아니지만, 나는 없는 것 같은데 친구는 있는 것 같고, 나는 갖지 못한 것 같은데 동생은 가진 것처럼 느끼기도 하지요. 그래서 부러움이나 질투를 느끼는데, 그런 마음은 곧 사라지기도 하고, 누군가와 경쟁하면서 내가 바라는 것을 얻으려고 노력하는 힘이 되기도 하지요. 때로는 계속 내 마음속에 남아서 다른 누군가를 미워하고 그 사람이 잘 되지 않기를 바라기도 하지요. 그래서 경민이와 경진이처럼 부모님한테 사랑받고 인정받으려고 반칙을 하면서까지 다투기도 하지요.

이렇게 부러움이나 질투를 느끼면 안 되는 걸까요? 그런 건 아니에요. 누군가가 가진 것이 부럽기도 하고, 누군가가 부러워서 밉기도 하고, 그럴 수 있어요.
그런 마음은 누구에게나 생기는 거예요.
그렇지만 중요한 것은 내가 바라는 게 무엇인지를 잘 아는 거예요.
자기가 바라는 걸 잘 알지 못하면 엉뚱한 방식으로 표현하게 되지요.
경진이가 진짜 바라는 건 부모님의 사랑인데 새 치마를 사 달라고 조르는 것처럼 말이에요.
바라는 것을 알았으면 그 다음에는 내가 그걸 얻기 위해서 어떻게 하는가가 중요해요.
내가 바라는 것을 얻기 위해 다른 사람 마음을 아프게 하는 것은 반칙이고,
바라는 것을 얻는 방법이 아니에요. 그렇게 해서 바라는 것을 얻을 수 있을까요?
그리고 그렇게 해서 얻은 것이 기쁠까요? 여러분은 어떨 것 같아요?

가끔 자기가 바라는 것을 얻기 위해서 다른 사람들의 기분이나 반응을 이용하는 수가 있어요. 경진이가 자신이 바라는 것을 얻으려고 우는 척해서 엄마가 자기 편이 되도록 하는 것이나 경민이가 친구들을 이용해서 경진이를 창피 주는 것처럼요.

그런데 어떤 친구들은 자기가 다른 사람들의 기분이나 반응을 이용하고 있다는 것을 알지만, 어떤 친구들은 자기도 모르게 그렇게 하기도 해요.
때로 이런 방법이 효과가 있지만, 자꾸 이런 방법을 쓴다면 어떻게 될까요?
우리 옆에 있는 사람들은 어떻게 느낄까요?

나라면 어떻게 할까요?

우리 반에 한 애가 미워요

새로 전학 온 여자애가 내 뒤에 앉게 됐어요. 담임 선생님이 나한테 걔를 잘 챙겨 주라고 하셨어요. 그런데 난 걔 별로예요. 첫인상부터 맘에 안 들어요. 목소리도 싫어요. 어휴~~~ 어떻게 해요?

걔의 어떤 점이 미운 거야?

너한테 얄밉게 구니?

너한테 기분 나쁜 소리 한 적 있어?

혹시 걔가 너에게 없는 부러운 점을 가지고 있는 것은 아니니?

음…, 예를 들어 너보다 공부를 잘한다거나, 더 예쁘다거나, 피아노를 더 잘 친다거나.

한번 잘 생각해 봐. 걔가 왜 미운지.

 여러분은 이 친구에게 뭐라고 해 줄래요?

열 받아요!

오늘 어이없는 일이 있었어요.
내 친구가 독후감 숙제를
안 했다고 해서
내 독후감 노트를
빌려 가서는 베꼈는데
선생님한테 칭찬받았어요.
말이 돼요?

너 짱 열 받겠다!
내가 다
열이 난다,
열이 나!!

선생님한테 가서
말해 버려.

사실은 그거
네 것 베낀
거라고.

 여러분은 이 친구에게 뭐라고 해 줄래요?

이상한 애가 있어요

우리 반 친구 하나는
내가 예쁜 옷을 입고가면
다른 친구들은 예쁘다고
하는데 혼자서
그게 뭐냐 그러고,
다른 친구들은 내 가방이
예쁘다고 하는데! 옆에서
꼭지 같은 것만 갖고 다니네!
… 그래요.
기분 나빠 죽겠어요.

여자 애들은 뭘 그런 걸 갖고 신경 쓰냐?

남들이 예쁘다고 말하는 게 뭐가 그렇게 중요하냐?

그러게…, 영구, 칠득이…

뭐야?!!

너 좀 김샜겠다.

 여러분은 이 친구에게 뭐라고 해 줄래요?

나도 짱이 되고 싶어요!

🔵 교실에서

"꼬불꼬불맵에서 지름길로 가려면 유턴을 하고 그다음에"

"오른쪽으로 돌고, 또 마지막 지름길로 빠져서…."

"야! 박철민, 대단하다!" "우와, 언제 이렇게까지 올랐냐?"

"히히."

"야, 게임은 진짜 해 봐야지, 이깟 종이에다 하는 게 뭐가 대단하냐? 그리고 이거보다 토끼풀스토리가 더 재미있어."

"야, 너 이거 안 해 봤지? 이거 레벨이 낮으면 높은 레벨에서 어떤 맵이 나오는지 몰라."

"쳇!"

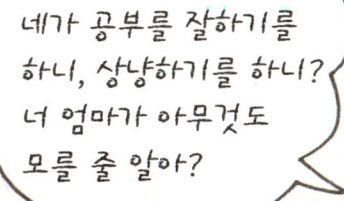

철민이는 지금 즐겁고 신이 나요. 게임을 하는 것만 해도 즐거운데, 친구들이랑 게임 이야기를 하며 같이 게임도 하고 또 친구들이 철민이가 게임 잘하는 것을 알아주어서 말이에요.
기분이 좋으니 엄마 잔소리도 대수롭지 않아요.

철민이와 친구들이 박스라이더 클럽으로 똘똘 뭉쳤어요.
좋아하는 게임을 함께 할 수 있는 클럽이 생겼어요.
철민이도 친구들도 서로 마음이 통하고 있어요.
게다가 철민이에게 친구들이 짱을 하라고 해요.
철민이는 뿌듯한 마음이에요. 세상을 다 가진 것처럼 기분이 좋아요.
친구들이 게임 레벨이 높은 철민이를 인정해 주기 때문이지요.
게임을 잘하는 것도 운동을 잘하는 것이나 공부를 잘하는 것처럼
친구들 사이에서 인정받는 방법이네요.

컴퓨터 게임을 좋아하는 까닭은 사람마다 조금씩 달라요.
친구들과 함께하는 놀이여서 좋다는 친구가 있고, 뿌듯한 성취감을 맛볼 수 있어서 좋다는
친구도 있어요. 힘들고 속상하고 귀찮은 것을 피해서 혼자 있을 수 있어서 좋다는 친구,
또 게임을 하면 괴롭다가도 마음이 편안해져서 좋다는 친구도 있어요.
어떤 친구들은 게임을 즐겁게 즐기지만, 어떤 친구들은 한번 시작하면 게임에서 빠져나오기
어려워하고, 또 어떤 친구들은 도무지 흥미를 갖지 못하는 경우도 있어요.
그런데 오래도록 게임을 하는 친구들도 즐겁지만은 않아요.
경쟁하다 지면 기분 나빠지고 더 스트레스를 받기도 하고, 머리도 아프고,
해야 할 다른 걸 못해서 부모님께 혼나기도 하니까요.
게임하는 시간을 조절하기가 어렵다는 친구들도 많아요.
이럴 땐 어떻게 해야 좋을까요?

경민이가 철민이에 대해 투덜거리면서도 마음속으로 관심을 두고 지켜보고 있어요.
친절하고 상냥하게 관심을 표현하는 친구들도 있지만 그렇지 않은 친구들도 있잖아요?
관심을 잘 표현하지 못하는 친구들은 자기 마음을 잘 몰라서일까요?
아니면 자기 마음을 어떻게 표현해야 할지 모르는 걸까요?
지금 경민이는 어떤 걸까요?
자기가 철민이를 좋아한다는 걸 모르는 걸까요? 아니면 소민이에게 들키고 싶지 않은 걸까요?

친구들이 인정해 주지 않아요!

철민이는 불안해졌어요. 토끼풀스토리 게임 때문에 박스라이더 클럽이 깨질까 봐 걱정스러워요.
철민이와 친구들 사이에 침입자가 나타난 것 같기도 하고,
친구들의 태도가 예전 같지 않고 변한 것 같기도 해요.
친구들도, 친구들과 함께했던 즐거움도, 짱으로 인정받고 뿌듯했던 것도
사라져 버릴 것 같아 불안해요.
친구들에게 압력을 줘서라도 박스라이더 클럽을 지키고 싶은 욕심이 생긴 거예요.

철민이가 걱정하던 대로 박스라이더 클럽에 위기가 왔어요.
친구들이 철민이를 대하는 태도가 예전 같지 않고,
박스라이더를 예전만큼 좋아하는 것 같지도 않고….
점점 변하는 주변을 보면서 철민이는 기운이 빠져요.
친구들이 자기 마음처럼 따르지 않아 화도 나고 섭섭하기도 해요.

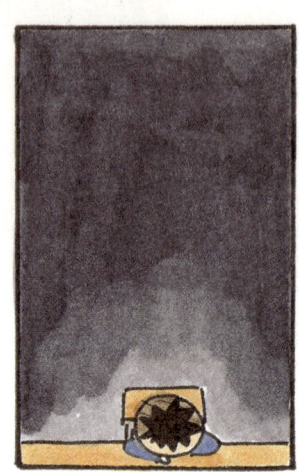

이제 철민이는 외톨이가 된 기분이에요. 아주 외로워요.
친구들이 섭섭하고 밉다는 마음조차 들지 않아요.
모든 걸 잃은 느낌이에요.

철민이가 힘이 빠져 지내니 경민이는 마음이 아파요. 실망하고 속상해하는 철민이 마음을 경민이도 같이 느끼고 있어요.

철민이는 이제 박스라이더 클럽이 아니더라도
그냥 친구들과 예전처럼 즐겁고 재미나게 지내고 싶어졌어요.
함께 어울려서 게임 얘기도 하고 친구들에게 다가가려고 용기를 냈는데….
저런, 친구들은 다른 데 관심이 쏠려서 철민이에게는 신경 쓰지 않아요.
철민이는 창피하기도 하고 화가 나기도 하고 실망스럽기도 해요.

짱이 아니어도 괜찮아요!

철민이는 문득 모든 게 민혁이 때문이라는 생각이 드나 봐요.
친구들이 멀어지는 것도, 박스라이더 클럽이 깨진 것도, 짱인 철민이 자리를 빼앗긴 것도
모두 민혁이 때문이라고 생각되어요.
철민이는 민혁이가 경쟁자로 느껴졌어요.

민혁이에게 화가 난 철민이가 자기도 토끼풀스토리를 배워야겠다고 마음먹었어요.
때로 화는 상대방을 위협하고 기분 나쁘게 하기도 하지만,
자신을 보호하고 새로운 능력을 기를 수 있는 힘이 되기도 하지요.

박스라이더 클럽이 깨지면서 철민이가 얼마나 마음고생을 많이 했는지 엄마는 전혀 모르고 있어요. 철민이는 엄마가 자기 마음도 몰라주고 이해해 주지도 않는다고 생각하니, 화도 나고 슬프고 섭섭해요. 더욱 더 혼자라는 느낌이 들어요.

철민이는 그동안 속상하고 기분이 나쁘고 외로웠어요.
또 친구들과 민혁이한테도 화가 나 있었어요.
그런데 경민이 얘기를 듣고는 자기가 왜 그런 기분이 드는 건지 깨달았어요.
친구들 때문이라고만 생각했는데, 사실은 자기가 잘하는 게 없다는 생각을 하고 있었던 거예요.
철민이가 활발하고 거침없어 보이지만
속으로는 자신이 작게 느껴지고 자신감도 많지 않았나 봐요.

인정받고 싶은 마음은 누구에게나 있어요!

"나는 운동을 잘해.", "나는 마음이 너무 약해." 하고 사람들은 자신에 대해서 평가를 해요.
또 사람들은 다른 사람들에 대해서도 "걔는 공부를 잘해."라고 능력을 평가하기도 하고,
"걔는 마음이 너무 착해."라고 성격을 평가하기도 하지요.
여러분도 이런 말을 들어 본 적이 있나요?
이렇게 자기 자신에게 하는 평가나, 다른 사람들이 나에게 하는 평가를 통해
'나'에 대해 자부심과 긍지를 느끼기도 하고, 보잘것없고 초라하게 느끼기도 하지요.

우리는 우리가 사는 세상에서 인정을 받고 싶어 해요.
가족 안에서, 친구들 사이에서, 또 학교에서처럼 우리가 속한 집단에서 인정받고 싶어 하지요.
우리가 혼자 사는 것이 아닌 이상, 누구에게나 이런 마음이 있어요.
그런데 인정받기 위해서 하는 행동은 서로 달라요.
쉬지 않고 노력하는 친구도 있고, 다른 친구를 흉보는 친구도 있고,
먹을 것이나 물건으로 꼬드기는 친구도 있고, 무조건 나를 상대방의 기준에 맞추려는
친구도 있고, 독불장군처럼 자신만을 따르라는 친구도 있지요. 과연 어떤 것이 도움이 될까요?

철민이는 자기가 게임을 좋아하고 잘하는 것에 대해서 부모님이 인정해 주지는 않지만
친구들이 알아주어서 기뻤어요.
어떤 집단에서 짱이 된다는 것은 그만큼 힘과 영향력이 생긴다는 뜻이기도 하고,
또 그만큼 집단에 속한 사람들한테서 믿음을 얻고 있다는 뜻이기도 해요.
그래서 서로 짱이 되고 싶어서 다투기도 하지요. 철민이도 그런 자리에 있다는 것이
자랑스러웠어요. 그런데 박스라이더 클럽이 없어지면 철민이의 힘도 없어지는 건가요?
철민이를 인정하지 않는다는 뜻인가요? 그런 건 아니에요.

주변 사람들이 나를 인정해 주고 응원해 주는 것은 기쁜 일이에요. 그렇지만 더 중요한 것은
내가 나를 믿어 주고 인정해 주고 힘을 북돋아 주는 거예요. 잘할 수 있다는 자신감을 갖도록
내가 나를 격려해서 스스로 생각한 대로 행동할 수 있는 힘을 기르는 일이 중요하지요.
그리고 내가 좋아하고 잘하는 것이 지금은 게임일 수도, 운동일 수도, 공부일 수도 있지만,
앞으로 바뀔 수도 있어요. 나이가 어리다는 것은 그만큼 가능성이 많고
얼마든지 바뀔 수 있다는 뜻이니까요. 여러분은 어떻게 생각해요?

나라면 어떻게 할까요?

다른 반 아이가 쪽지를 보냈어요.

제가 주먹이 세다고 들었다면서 한번 붙자고 해요.

우리반 아이들도 한번 본때를 보여 주라고 부추겨요.

어떻게 해요?

한번 붙자

우와~, 너 진짜 주먹 센가 보다, 다른 반에도 소문났으면. 그럼 한번 보여 줘.

으이그, 남자 애들은 정말~! 만날 주먹질할 생각만 해.

야! 주먹 세다고 그게 진짜 센 거니?

⚽ 여러분은 이 친구에게 뭐라고 해 줄래요?

_____
_____
_____
_____
_____
_____
_____

우리 반 회장은 자기 멋대로 해요

제가 부회장인데 제 의견은 무시해요. 오늘 자습 시간에 떠든 사람 이름을 적을때 자기 친한 아이는 빼주는 거예요. 그래서 제가 그러면 안 된다고 했는데, 들은 척도 안 하요.

어라, 그건 공정하지 못한 일인데.

회장이라고 자기 마음대로 하면 쓰나?!

그런데 회장이랑 그런 얘기를 아이들 앞에서 했니? 아니면 따로 불러내서 둘이서 했니?

아이들 앞이라면 회장이 더 그럴 수도 있을 것 같은데….

 여러분은 이 친구에게 뭐라고 해 줄래요?

_____

_____

_____

_____

_____

미술 시간에 담임 선생님이 공동 그림을 그리라고 하셨어요. 나는 모자이크처럼 그림 하나를 크게 밑그림을 그려서 친구들이 각자 맡아서 색깔을 칠하자고 했어요. 그래야 뭔가 같이 한 것 같잖아요. 그런데 우리 모둠 친구들은 그냥 각자 그리고 싶은 것을 그려서 붙이자고 했어요. 옥신각신하다가 결국 친구들이 하고 싶은대로 하기로 했어요. 그때부터 기분이 나빠서 친구들이랑 말하기도 싫고 그림도 그리기 싫어서 가만히 있었어요. 사실 제가 하자는 대로 하는 게 공동 그림 아닌가요?

야! 그럼 너는 네 그림을 크게 그려 가.

네가 하고 싶었던 그 그림을….

넌 네 생각이 옳다고 친구들도 따라 줬으면 좋겠니?

서로 얘기는 해 봤니?

⚽ 여러분은 이 친구에게 뭐라고 해 줄래요?

_____
_____
_____
_____
_____

어린이를 위한 심리학 2
왜 나만 미워해! — 복잡한 감정 이해하기

박현진 글·윤정주 그림

1판 1쇄 펴낸날 2006년 10월 16일
1판 14쇄 펴낸날 2023년 11월 20일

펴낸이 이충호
펴낸곳 길벗어린이(주)
등록번호 제10-1227호
등록일자 1995년 11월 6일
주소 04000 서울시 마포구 월드컵북로 45 에스디타워비엔씨 2F
대표전화 02-6353-3700
팩스 02-6353-3702
홈페이지 www.gilbutkid.co.kr

편집 송지현 임하나 황설경 박소현 김지원
디자인 김연수 송윤정
마케팅 호종민 신윤아 이가윤 전예은 최윤경 강경선
경영지원본부 이현성 김혜윤

ISBN 978-89-5582-160-4 77180 | 978-89-5582-112-3 (세트)

글 ⓒ 박현진 2006 · 그림 ⓒ 윤정주 2006
이 책은 저작권법에 따라 보호받는 저작물이므로, 저작권자와 길벗어린이(주)의 허락 없이는 이 책의 내용을 쓸 수 없습니다.